AF467956

LE DROIT

ET

LE FAIT

PAR

AUGUSTE IPCHER

PARIS

E. DENTU, LIBRAIRE-ÉDITEUR

PALAIS-ROYAL, 13, GALERIE D'ORLÉANS.

1861

Paris. — Imprimé chez Bonaventure et Ducessois, quai des Augustins, 55.

A LA JEUNESSE

I

Depuis longtemps j'ai revêtu la robe virile; je suis homme, et tout ce qui intéresse l'humanité me touche :

> Homo sum, et nil humani a me alienum puto.
>
> (TÉRENCE.)

Aussi cessons de vivre dans l'indifférence en matière politique. Rejetant loin de nous les préjugés et les passions, poursuivons la vérité, formons-nous une opinion, et vouons-lui nos affections, nos luttes, notre sang.

II

Les hommes sont-ils nés pour vivre en société?

Quelle est la meilleure organisation des sociétés ?

Destinées à avoir des relations entre elles comme les individus entre eux, les sociétés ont-elles des principes à respecter ?

Qui doit veiller à la défense de ces principes?

Quelle doit être la sanction de leur mépris?

Voilà en quelques mots l'objet de la politique, science à la fois philosophique, morale, historique, digne d'occuper les esprits sérieux et d'intéresser un cœur jaloux d'être utile à la société.

III

Une opinion politique est donc un sentiment individuel sur l'ensemble de ces questions, liées entre elles comme la conséquence à son principe.

De là la nécessité de donner pour base à son édifice des principes incontestables et féconds.

Aussi convient-il, avant d'exprimer son opinion, de réfléchir et d'étudier sérieusement.

Je ris quand j'entends parler la jeunesse toujours remplie de fantômes brillants, et dominée toujours par des préjugés, deux vices également nuisibles à la perception de la vérité et à la formation d'une opinion éclairée.

IV

Dans un temps où tous les principes fondamentaux semblent être remis en question, j'ai cru pouvoir être utile à la jeunesse et servir la cause des sociétés en publiant mes principes et mes opinions politiques.

Dieu sait si de mauvais desseins m'animent! Je veux l'ordre, je veux la paix, je veux l'union de tous les hommes par des liens sacrés.

Puissent mes efforts rapprocher les esprits jusqu'ici en opposition, et ne faire qu'un cœur de tous les cœurs !

Pour procéder avec méthode, nous considérerons la matière sous une double face :

1° Question de droit;

2° Question de fait.

LE DROIT ET LE FAIT

1°

QUESTION DE DROIT

I

Malgré les ténèbres qui l'environnent, l'esprit humain est doué d'une certaine lumière qui en est comme l'essence, et qu'il faut toujours consulter pour connaître la raison des choses.

Eh bien! la raison ne nous dit-elle pas qu'il est une cause nécessaire qui a tout produit et n'a été produite par rien?

La raison ne nous dit-elle pas que nous sommes tous liés à cet Être nécessaire comme l'effet à la cause?

Nous sommes donc dépendants de Dieu, et sa volonté est notre loi souveraine.

Néanmoins nous sommes essentiellement libres, et Dieu lui-même respecte notre liberté.

Nous voilà à la fois et *nécessairement dépendants* et *nécessairement libres;* dépendants d'une autorité suprême qui ne contrarie en rien notre libre arbitre; obligés de respecter la puissance de Dieu, mais libres d'être soumis ou indociles.

C'est là la pensée profonde que Bossuet exprimait en ces termes : *Nous sommes tous attachés au trône de l'Être suprême par une chaîne souple qui nous retient sans nous asservir.*

Ne disons donc plus que la liberté, c'est l'indépendance;

Que la liberté, c'est la négation du principe de l'autorité.

Soyons, au contraire, persuadés que la *dépendance* et la *liberté* sont deux principes nécessaires à l'harmonie de la société, ayant Dieu pour *souverain* et les hommes pour *sujets.*

II

Il en est de même dans la société des hommes. Là aussi nous trouvons ces deux principes : *dépendance* et *liberté.*

L'homme, en effet, est en relation non-seulement avec Dieu, mais aussi avec l'homme.

Il n'a pas été mis sur la terre pour vivre isolé.

Loin de nous la pensée de ceux qui voient en lui un être d'abord sauvage, puis civilisé.

Pour nous, l'homme a toujours été le même; toujours et partout doué d'intelligence et de liberté, il s'est senti porté par les tendances de sa nature, altérée il est vrai, à vivre avec ses semblables.

En proie à mille besoins qu'il ne saurait satisfaire par lui-même, l'homme se rapproche de l'homme pour vivre avec lui d'une vie commune, pour constituer une société. Or, ainsi formée d'individualités libres, la société a besoin d'être fortement constituée. Il faut là aussi un principe d'autorité qui veille à la conservation de la masse et aux intérêts individuels.

Il faut une autorité qui protége les droits respectifs des membres en réprimant les passions et rétablissant les injustices.

Mais il faut aussi que cette autorité respecte la liberté des membres qui, tout en étant dépendants, sont toujours des êtres essentiellement libres.

Dans la situation de droits et de devoirs respectifs où ils sont placés, leur liberté, il est vrai, est en partie restreinte, mais elle subsiste quand même; et on doit la respecter.

Sans la liberté, je ne reconnais plus l'homme. C'est là la belle prérogative qui le place au-dessus de tous les êtres créés, qui le constitue roi de la création.

Concluons que l'homme est né pour la société ;

Que, dans toute société, il faut une autorité qui veille à la défense des intérêts publics, en respectant la liberté des membres.

III

Mais à qui sera confiée l'autorité ?

Quelle sera sa nature ?

Qui donc veillera à la défense de la liberté?

Quelles seront les limites de l'un et de l'autre principe ?

Voilà des difficultés qui, de tout temps, ont passionné les hommes et qui les passionnent encore aujourd'hui.

Pour nous, tâchons de les résoudre, et soyons fermes dans nos convictions.

Je l'ai dit : la *dépendance* et la *liberté* sont deux principes essentiels à toute société. Il faut donc qu'ils soient défendus, protégés l'un et l'autre d'une manière efficace.

Confiez l'autorité à une main de fer qui sache faire obéir les hommes en respectant leur liberté ;

Confiez à une assemblée d'hommes d'intelligence et de cœur le soin de défendre la liberté humaine dans les limites qui lui sont propres, et vous aurez en partie résolu le problème.

Mais à qui sera confié le soin de défendre le principe de l'autorité ?

Qui donc sera souverain ?

Le principe de l'autorité ne saurait être confié qu'à un seul. Déposez la couronne sur deux têtes, et dans peu deux partis se dessineront dans l'État. Chaque tête couronnée aura ses factieux. De là un tiraillement redoutable qui assurément produira l'anarchie et la révolte.

Le pouvoir sera donc *monarchique;* mais quel sera le monarque ?

Supposons que la création a lieu à l'instant même : voilà tous les hommes portés par leur nature à vivre en société, ayant chacun une sphère de droits avec l'obligation de respecter ceux du voisin et de courber le front devant l'autorité protectrice. Ils jouissent tous des mêmes droits et sont tous soumis aux mêmes obligations.

Nul donc parmi eux n'a le droit de saisir le sceptre et de dire :

Je suis roi.

L'autorité est un principe essentiel, nécessaire, divin. Dieu descendra-t-il sur la terre pour le confier au plus digne ?

Je sais très-bien que, du haut de son trône, il veille sur nous ; qu'il nous dirige même par sa volonté secrète ; selon la magnifique expression de Fénelon : *L'homme s'agite mais Dieu le mène;* mais, à part ce gouvernement suprême et invisible que Dieu exerce sur nous, il a abandonné le monde aux disputes des hommes : *Tradidit mundum disputationibus eorum*. Il ne descendra donc pas pour marquer du doigt au front celui qui portera les emblèmes de sa puissance.

Alors qui nommera le souverain ?

Un jour peut-être, poussé par un sentiment d'orgueil et d'ambition, un homme se sera rencontré tenant le sceptre d'une main et l'épée de l'autre, et il aura commandé le respect et la soumission à ses semblables ; et peut-être les timides mortels, et leurs fils après eux, auront courbé le front.

Durant des siècles, ils auront gémi sous le pouvoir tyrannique et usurpateur de ce puissant de la terre.

Les fers de l'esclavage seront-ils pour toujours rivés à leurs pieds, sans qu'ils aient le droit de se plaindre ?

Le sceptre, la couronne, symboles de l'autorité, seront-ils enfin inféodés dans la famille de cet homme-roi ?

Seront-ils devenus la propriété de ce conquérant et de ses descendants?

Pour tout droit de propriété, il faut trois éléments :

1° Un sujet capable ;

2° Un objet susceptible du droit de propriété ;

3° Un fait légitime qui lie le sujet à l'objet.

Or, ici, le souverain est-il capable de devenir propriétaire ?

Oui certes, pourvu que les fumées de l'ambition et de l'orgueil n'aient pas altéré en lui l'intelligence et la volonté, facultés indispensables pour acquérir le droit de propriété.

Mais l'objet n'est-il pas un principe essentiel, nécessaire, divin ?

Peut-il dès lors tomber dans le domaine privé d'un usurpateur ?

Et la violence est-elle un fait de nature à établir une possession légale, pouvant conduire à la prescription ?

Aurait-elle les caractères requis, la possession appliquée à un objet de cette espèce ? Pourrait-elle, avec le temps, se transformer en droit de propriété ?

Nous ne saurions l'admettre, sans fouler aux pieds les principes élémentaires du droit.

Concluons que le sceptre et la couronne ne peuvent jamais tomber dans le domaine d'une famille par prescription, admettrions-nous même, ce qui est l'hypothèse la plus favorable, que les hommes ont approuvé l'avénement du souverain, qu'ils l'ont acclamé d'une voix unanime, frappés de ses vertus et de sa bravoure.

L'élu de la nation ne pourra donc jamais acquérir un droit exclusif, strict et transmissible sur la couronne. Il ne sera que le dépositaire d'un objet sacré et divin, dont la propriété n'est à personne, si ce n'est à Dieu seul.

Donc point d'hérédité légitime pour le principe de l'autorité.

En montant sur le trône, le souverain élu par la nation, seule hypothèse admissible, devient à la fois dépositaire du sceptre et *mandataire de Dieu par le peuple.*

C'est en effet là ladoctrine des livres saints : *Per me reges regnant,* origine de l'autorité. — *Vox populi, vox Dei,* délation de l'autorité.

IV

Mais, dira-t-on, voilà le principe subversif de toute société ; voilà la révolution.—Nullement : on ne saurait admettre que, sans raison plausible, un peuple puisse changer de volonté et donner et retirer le sceptre selon ses caprices. Le contrat lie les deux parties, et quand le souverain a compris son siècle, qu'il en développe les heureuses tendances, en comprimant les mauvaises ; quand, en un mot, il est fidèle à sa mission, il doit résister aux passions, et les dompter, soutenu toujours par les hommes dévoués à la cause de la justice et au bien-être social.

Mais qui nous dira dans quelles circonstances le souverain n'est pas fidèle à ses engagements ?

Qui nous dira surtout par quels moyens le pouvoir lui sera retiré ?

J'avoue que la question n'est pas facile à résoudre ; pourtant l'expérience a toujours démontré que le mécontentement général trahit les vices d'un gouvernement. Alors, instruit par la clameur publique, qu'il considère et qu'il se modifie.

S'il persiste, il provoquera une réaction dont il sera seul responsable.

Mais les factieux ? mais les révolutionnaires?

Au pouvoir le droit et l'obligation de veiller sur eux et de les comprimer à temps pour éviter une conflagration générale. Qu'il suive d'un œil attentif les publications de chaque jour ; qu'il condamne ce qui peut porter atteinte à la sécurité publique en rendant odieux le gouvernement existant ; mais aussi qu'il profite des instructions que ces mêmes feuilles pourront lui donner, animées qu'elles seront par les intérêts bien compris de la société.

Et, enfin, si le gouvernement s'obstine à devenir tyrannique ou par trop libéral, les organes de la nation protesteront eux-mêmes. Malheur au souverain, si leur voix est un vain son !

La tempête éclatera, et le contrat sera violemment rompu.

Je n'approuverai jamais la passion, je la blâmerai toujours, mais je l'excuserai.

Voilà une violente révocation du contrat.

Mais la mort du souverain ne viendra-t-elle pas remettre en question l'organisation sociale et la sécurité publique ?

Alors même que le mandat serait fidèlement rempli, et que la nation jouirait ainsi de la paix la plus profonde, n'aurait-elle pas à craindre la mort de son souverain ?

Alors que d'ambitions ! que de troubles ! peut-être que de sang versé !

Voilà, dira-t-on, où aboutit votre mandat.

V

Je comprends que les dangers seraient formidables si, à la mort de chaque souverain, le peuple devait élire un nouveau mandataire. Aussi les intérêts de la nation demandent, exigent même que le mandat soit, *de plein droit*, déféré au fils du prince qui a cessé de vivre. La reconnaissance publique, sa propre éducation rendent le jeune fils digne avant tous de représenter la nation, de devenir mandataire comme son père.

C'est une élection implicite qui a lieu en faveur du fils.

Il y a là succession de personnes, mais il n'y a pas succession de droits ; le fils vient de droit après le père, mais il n'en est pas l'héritier légitime. Comme son père, le fils tient tout du peuple.

Voilà l'origine du pouvoir :

Sa nécessité,
Sa nature,
Sa constitution,
Sa translation.

Que dirons-nous du principe de la liberté ?

VI

Confié à un seul, le pouvoir ne saurait être entièrement abandonné à ses caprices. Il y aurait à craindre ou la faiblesse ou la tyrannie.

De là la nécessité d'organiser la défense de la liberté, autre principe essentiel qui doit contre-balancer celui de l'autorité.

Contrairement à l'organisation de l'autorité, la défense de la liberté doit être confiée à une multitude d'hommes au cœur noble et généreux. Tous dévoués au bien de l'État, ils seront les organes de la volonté nationale.

Élus par le peuple, complétement libre dans les élections, ils n'oublieront pas que leur mission est sacrée ; ils banniront de leur esprit et de leur cœur les idées et les sentiments de servilisme.

Voilà pourquoi cette charge, qui impose des devoirs si sublimes, doit jouir de priviléges constitutionnellement fixés d'avance pour sa propre indépendance et sa libre manifestation.

Toujours attentifs aux attitudes de l'autorité, les députés sauront, quand il le faudra, repousser avec magnanimité les empiétements de toute nature.

Mais faut-il que le souverain leur communique par devoir les mesures à prendre?

Ainsi tous les actes de la politique intérieure et extérieure leur seront soumis ; ils auront le droit de discussion, et c'est ainsi que la nation tout entière assumera sur elle la responsabilité des résolutions. C'est ainsi que l'autorité et la liberté, en s'unissant, concourront à la grandeur de l'État.

Grâce à l'accord du souverain et des députés, la paix sera assurée à l'intérieur, le commerce s'étendra, les lettres, les sciences et les arts fleuriront, et chaque sujet participera à la sécurité et au bonheur publics.

VII

Pourtant, je dois le dire ici hautement : cet échafaudage social reposerait sur le sable et croulerait dans peu au moindre souffle des passions humaines, si la vraie notion de l'autorité et de la liberté venait à s'effacer de l'esprit public.

L'autorité est ce principe conservateur qui forme un tout de mille parties diverses et constitue un État.

La liberté est cet élément social qui conserve à l'homme sa dignité, sa grandeur, sa personnalité, en lui permettant d'agir dans les limites que lui laisse une sage autorité.

Tels les corps de la nature n'existent que grâce à deux forces opposées, l'attraction qui unit les éléments et la répulsion qui les sépare. En se mariant ensemble, ces deux forces sauvent le monde physique.

Supprimez la répulsion, tous les éléments matériels se confondent, s'anéantissent. Ne contre-balancez pas la répulsion, à l'instant le monde est dissous ; les atomes se dispersent et rien ne paraît à nos yeux.

Qu'un esprit orgueilleux se montre et dépeigne l'autorité comme une atteinte portée aux droits de l'homme, la liberté rompt les liens conservateurs de la société. La dissolution est au comble. Partout le sang, partout la ruine, la mort partout. Laissez, au contraire, l'autorité régner seule sur la terre, peu à peu la liberté s'efface, les hommes cessent de penser et d'agir; plus de souffle, plus de vie, plus de société.

Il faut donc qu'un État soit profondément moral. Conservez à chaque principe le respect qui lui est dû ; faites qu'il exerce une heureuse influence sur les individus, et l'homme se montrera tel qu'il doit être, avec la dignité de sa nature intelligente et libre, rendant à César ce qui est à César.

Or ce sel du monde ne se trouve que dans la religion, cette loi souveraine qui harmonise et la terre et les cieux.

L'autorité sera donc profondément religieuse et la liberté aussi.

L'un et l'autre principe s'uniront pour favoriser l'heureuse influence des saines doctrines.

Or la première condition requise pour la réussite de la

moralisation des peuples, c'est manifestement la liberté des cultes.

Laissez aux mandataires spéciaux la faculté d'agir librement sur les esprits et les cœurs, et dans peu les idées saines d'autorité, de liberté et d'ordre surgiront dans le peuple.

Pourquoi réduiriez-vous au silence, ou du moins resserreriez-vous dans d'étroites limites la voix de celui qui prêche, par devoir et par sacrifice, le respect dû à l'autorité et à la liberté.

Mieux que vous, hommes du siècle, ce vieillard aux cheveux blancs a la notion vraie et juste de ce que vous choisissez et de ce que vous poursuivez. Oui, la vraie religion peut seule inspirer aux masses les idées saines sur la liberté et l'autorité.

Disons-le : les hommes d'État devraient puiser les principes et les formes de leur gouvernement dans cette constitution divine qui règle les rapports de l'homme avec Dieu, de l'homme avec l'homme.

C'est là qu'ils verraient combien respectable est la liberté de l'homme, et de quelle manière elle est subordonnée à l'autorité.

Pourquoi, d'ailleurs, aller demander à la philosophie et à l'expérience des notions qui s'offrent d'elles-mêmes, sans effort d'intelligence de notre part. C'est là que, bon gré malgré, tous les gouvernements aboutiront, s'ils ne veulent mourir impuissants à vivre par eux-mêmes.

Ainsi, avec le principe d'autorité seul, vous avez le *despotisme ;*

Avec le principe exclusif de la liberté, vous avez la licence, la *démagogie.*

Mais, représentez ces deux principes et donnez-leur l'autorité et la valeur dont ils sont dignes, vous aurez un État fortement constitué avec des éléments de puissance et de grandeur qui étonneront le monde.

Voilà ce que j'avais à dire sur l'organisation de chaque État.

VIII

Disons quelques mots des relations des diverses sociétés.

Comme les individus, les sociétés sont destinées à avoir entre elles des relations plus ou moins directes et fréquentes. Ce sont les mêmes lois de justice et d'équité qui doivent y présider.

Ainsi, chaque nation doit respecter les droits des autres;

S'abstenir de porter atteinte à leur sécurité et à leur grandeur ;

Leur être utile, quand les circonstances le demandent ;

Leur faire part de ses progrès dans les lettres, les sciences et les arts.

Ce sont là des principes de justice générale que l'on trouve dans le cœur de tous les hommes, et que nul ne peut méconnaître sans se déclarer l'ennemi du genre humain.

Toute la difficulté consiste dans l'application.

Malheur à la nation qui foulera aux pieds ces lois immuables qui président aux destinées des peuples ! alors la paix universelle sera troublée, et quel sera le remède à tant de maux ?

IX

Je voudrais un tribunal suprême qui veillât à la défense des intérêts universels.

Il déciderait en maître absolu, et en dernier ressort, des différends, et infligerait des peines aux nations coupables.

Chaque État y verrait ses juges, et en cas d'insubordination, en face d'une telle sentence, je voudrais le concours armé de tous les gouvernements, intéressés tous au maintien de la tranquillité.

Alors le sort des combats, triste nécessité qu'il faudra bien admettre tant que les hommes vivront sur la terre, décidera du sort des rebelles.

Celui qui, du haut de son trône, veille sur les peuples, le Dieu des armées, saura bien faire triompher la justice, à moins que, dans ses desseins impénétrables, la Providence n'ait résolu d'humilier l'innocent pour faire triompher le coupable.

X

Voilà mes principes politiques ; pour leur défense, je verserais jusqu'à la dernière goutte de mon sang, assuré qu'ils constituent les droits les plus sacrés et les plus légitimes des peuples, assuré qu'ils sont le gage de leur félicité.

2°

QUESTION DE FAIT

I

Arrivons à la question de fait ; interrogeant l'histoire, voyons quelle a été la valeur du principe de l'autorité et de celui de la liberté.

De tout temps l'histoire nous montre les hommes vivant en société ; et pas une ne se montre à nous sans un chef investi du pouvoir suprême, de l'autorité. Ici c'est un roi, là c'est un empereur, ailleurs c'est un chef de république ; mais quel que soit son nom, le souverain a usé d'un pouvoir absolu, je dirai même tyrannique.

Partout le principe de l'autorité a étouffé le principe de la liberté.

J'explique cet état de choses et je le justifie. En proie à mille passions, d'une nature grossière et barbare, les hommes étaient portés à l'insubordination ; il a fallu une main de fer pour les contenir. Voilà pourquoi, comme par un ordre de la Providence, les chefs ont asservi les sujets ; ils les ont regardés à leurs pieds comme des êtres faisant partie de leur patrimoine, et ils se sont arrogé sur eux les droits les plus absolus de vie et de mort.

Du chef, ce sentiment de domination a passé dans les membres, et l'asservissement de l'homme par l'homme a été excessif ; si excessif, que le subordonné a perdu sa valeur réelle pour descendre au rang de la brute. L'esclavage est la plus triste page de l'humanité.

C'était alors le règne des passions, l'abus immodéré du principe de *l'autorité*; alors *point de liberté.*

II

Ainsi les peuples avaient des fers rivés à leurs pieds pour toujours, si le christianisme ne fût venu rendre à l'homme sa dignité. Il prêcha *la liberté*, *l'égalité*, *la fraternité.*

L'humanité tout entière passa la main sur ses yeux et déchira le bandeau qui lui dérobait la vraie lumière; peu à peu elle secoua ses chaînes et reconquit sa dignité.

Néanmoins l'homme reste assujetti au sol; il cesse d'être esclave pour devenir serf. Mais quel progrès! Encore quelque temps, et un jour sortant comme d'un sommeil léthargique, soulevant sa poitrine jusqu'alors oppressée, l'humanité laissa échapper le cri retentissant de liberté, et à l'instant l'œil vif et fier, la démarche assurée, une épée dans la droite et une branche d'olivier dans la gauche, sur le sol de la France la liberté se dressa.

Dès ce jour, le vieux régime disparut avec son caractère de domination absolue. Désormais la France se sentit libre, et depuis elle est imbue des sentiments les plus intimes de sa liberté; à cet endroit elle est chatouilleuse; avant tout, elle veut être libre.

On peut la comprimer parfois dans sés élans dangereux; mais l'asservir, jamais.

Aussi elle a horreur des noms qui personnifient le pouvoir absolu. Le nom de roi est pour elle un coup sensible; ça lui fait mal au cœur. Elle veut elle-même disposer du pouvoir, le confier à un mandataire qui sache bien que sa puissance lui vient d'un peuple qui, avec le temps, a su conquérir la liberté.

III

Oui, conquérir la liberté ! Car c'est par une série de conquêtes légitimes qu'un peuple passe de l'état de domination absolue à cet état de dépendance et de liberté qui est le vrai but auquel les peuples ont droit d'aspirer.

Qu'on parcoure l'histoire, et l'on verra cette marche progressive de l'humanité. C'est là ce qui avait fait dire au fameux Vico que les peuples doivent passer par une série de formes déterminées dont l'une est le développement de l'autre, dont l'une est un progrès sur l'autre.

Voilà ce qui a donné lieu à ce système généralement mal compris du progrès continu. L'humanité, dit-on, va sans cesse se perfectionnant. Pour mon compte, je ne suis pas aussi absolu ; aidé des principes d'une saine philosophie, éclairé un peu par l'histoire, je distingue, et j'examine sous quelle influence marche la nation que l'on dit dans le progrès.

Est-elle poussée dans sa marche par les sentiments et les idées qu'inspire le christianisme, je reconnais alors le progrès et le développement d'une heureuse liberté.

Mais les passions que la moindre contrainte gêne la poussent-elle à rompre tous les liens les plus sacrés, liens de la nation, liens de la famille, liens politiques, liens religieux, alors plus de progrès à mes yeux ; la nation tend vers la licence, vers un abîme insondable. Oui, en dehors du christianisme, point de vraie liberté, point de progrès, point de vie possible.

IV

Sous l'influence du christianisme, la France avait marché vers la conquête de la vraie liberté.

L'échelle féodale était détruite ; de fait, les hommes étaient égaux ; Louis XIV se disait maître absolu. *L'État, c'était lui.* Restait donc à effacer cette pensée du cœur des rois et des peuples.

Restait à faire écrire en tête de la constitution : *Tous les Français sont égaux devant la loi;* dernier pas à faire pour arriver à la vraie liberté et asseoir la France sur des bases où jusque-là il n'avait été donné à aucun peuple de s'asseoir.

Mais c'était là l'œuvre d'un demi-siècle, et au plus d'un siècle.

Qu'est-il advenu? La corruption a envahi la France; une philosophie orgueilleuse a pénétré dans tous les esprits, et, au lieu d'une conquête pacifique et légitime, nos pères ont vu éclater un orage terrible qui a tout renversé et tout détruit. Partout l'insubordination, la licence partout.

La France alla trop loin ; depuis, pour retrouver son assiette, elle s'est agitée, et deux fois depuis elle s'est déchiré les entrailles de ses propres mains. Elle a rêvé des systèmes de liberté inouïs, qui, tout en donnant un libre essor à toutes les passions humaines, laissaient des volcans bouillonner sous ses pas.

Mais un homme s'est rencontré, que la Providence a conduit comme par la main, et, cédant à la vive lumière qui l'éclairait, au péril de sa vie, un matin il a dit à la France : *Tu n'iras pas plus loin; là viendra se briser la fureur de tes flots.*

Et il a cerclé de fer la France, il a étouffé les feux qui la minaient, il a sauvé la France.

Sous lui encore le principe de l'autorité a heureusement étouffé le principe de la liberté.

Mais une ère nouvelle commence ; mieux instruit que Louis XIV, Sa Majesté Napoléon III cède de son autorité absolue.

Par son décret du 24 novembre, il sanctionne le principe de la liberté, et donne à la France un régime monarchique représentatif, tel que nous l'avons toujours conçu.

Sa pensée ne saurait être incertaine, équivoque. Elle a reçu un développement satisfaisant par la circulaire de Son Exc. le ministre de l'intérieur.

C'est là un éclatant témoignage rendu par un des plus habiles politiques à la sagesse de la France. Qu'elle aille se perfectionnant, et de nouvelles libertés lui sont réservées. Elle marchera à la tête de toutes les nations civilisées et sera toujours la reine du monde.

V

Aussi puissante par l'influence de sa civilisation que par les armes, elle imprimera aux autres nations une impulsion irrésistible vers le progrès. Elle sera partout où il y aura une idée, un sentiment généreux à faire triompher. Ses enfants, les premiers soldats du monde, iront courageusement verser leur sang dans les plaines de la Crimée pour repousser la terrible et funeste domination d'un peuple demi-sauvage.

Leur contact seul inspirera à leurs alliés et à leurs adversaires des sentiments auxquels ils étaient étrangers.

VI

Puis elle passera les monts, sensible aux cris de douleur sortis de poitrines oppressées.

Ici je m'arrête pour considérer à mon aise une expédition qui, en ce moment, occupe tous les esprits.

Dans quel but la France a-t-elle volé en Italie!

Pourquoi a-t-elle suspendu sa marche triomphante?

Et surtout pourquoi se croise-t-elle les bras, à l'instant où je parle, en face d'une révolution qui brise les trônes, efface les limites des royaumes, et ensanglante l'Italie tout entière?

Ici, point de passion, point de partialité. Ayons le courage de dire hautement ce que les événements attestent.

Louons ce qui mérite d'être loué et improuvons ce qui blesse les sentiments de la justice et de l'honneur.

Quand le gouvernement français fut sur le point de s'armer pour la délivrance de l'Italie, aussitôt deux partis se formèrent.

Les uns se réjouirent, en pensant qu'il était beau, glorieux pour la France d'aller en Italie se joindre au Piémont et faire rentrer dans ses limites, sinon expulser entièrement, une nation qui, au mépris des traités de 1815, était parvenue secrètement à lier l'Italie presque entière et à l'asservir.

D'autres, plus clairvoyants, s'attristaient à la vue du sombre nuage qui du nord au sud pesait sur l'Italie, comme un couvercle de marbre noir sur un tombeau.

Ignorez-vous, disaient-ils, que depuis longtemps la révolution conspire dans l'ombre, et qu'au premier signal elle va éclater ?

Ne savez-vous pas que le pape chancelle sur un trône jusqu'ici soutenu par vous ?

Ne savez-vous pas que Cavour depuis longtemps prépare les voies à l'unification de la Péninsule, et que Mazzini travaille à l'établissement de l'ancienne république romaine ?

Gardez-vous donc d'aller, sous les apparences d'une cause légitime, donner le signal d'un combat qui mettra à feu et à sang l'Italie tout entière, et dont le contrecoup peut-être ébranlera tous les États de l'Europe.

Gardez-vous d'ouvrir la brèche aux ennemis de l'Église, qui brûlent d'expulser un pontife-roi pour expulser la religion ?

Voilà les appréhensions qui se manifestèrent.

L'expédition fut résolue, et la plupart des esprits se calmèrent, aux promesses de Sa Majesté l'Empereur.

Nous n'allons pas en Italie porter atteinte aux

droits du souverain pontife, nous le défendrons toujours.

Voilà ce qui fut dit à la face de la nation ; et l'on suivit d'un œil fier le vol triomphant de nos aigles.

L'ennemi, malgré sa vive résistance, cédait devant elles, mais il était encore loin d'avoir été repoussé au delà des Alpes, selon le programme tracé d'avance, quand soudain, au grand étonnement des spectateurs avides, l'armée victorieuse suspend sa marche.

L'hiver approchait, et le général en chef avait aperçu le terrible quadrilatère qui nous aurait coûté des flots de sang.

Il y en avait eu assez de versé dans quatre grandes batailles ; et puis, disons-le, le tonnerre commençait à gronder, et le nuage tant redouté, qui portait dans ses flancs la pluie et la tempête, allait crever.

VII

Déjà les duchés de Parme, de Modène et de Toscane s'étaient soulevés et avaient expulsé leurs souverains pour s'unir au Piémont. Un frisson mortel serra l'âme de Sa Majesté Napoléon... et il eut la sagesse de s'arrêter. Il conclut le traité de Villafranca, qui ménagea les intérêts lésés et favorisa le retour des ducs expulsés.

Mais les populations étaient animées de l'esprit révolutionnaire, et malgré ses démarches, le gouvernement français ne put convaincre ni persuader des sujets qui venaient de se donner à un nouveau souverain.

Le fait était accompli, et la France avait remis l'épée dans le fourreau. Alors le Piémont, plus actif que jamais, voulut user de la situation générale des esprits, et, par ses émissaires, il enflamma l'esprit de révolte.

Malgré ses dénégations et ses protestations formelles, on comprit ses intentions.

Victor-Emmanuel avait accepté les Romagnes, et Garibaldi voguait à pleines voiles vers la Sicile, quand le Piémont avait encore l'audace de dire hautement qu'il

ignorait les desseins de l'aventurier, qu'il ne savait sur quels vaisseaux il était parti. Et il souriait en entendant le canon des révolutionnaires gronder sur un sol jusque-là paisible.

Et en même temps, en Italie, il protestait de son dévouement pour le saint-siége, et publiait qu'il irait se poser devant Rome pour arrêter la marche triomphale de Garibaldi, qui avait juré d'aller s'asseoir en vainqueur sur le sommet du Palatin.

Mais Garibaldi s'avançait toujours sans rencontrer la moindre résistance.

François II, ce jeune roi de Naples, était abandonné de tout le monde, et il restait lui-même plongé dans son *far-niente* traditionnel.

Après le royaume des Deux-Siciles s'offraient les États de l'Église.

La chrétienté tout entière frémit; en France surtout, les évêques poussent des cris d'alarme. Ces cris font écho dans des cœurs magnanimes.

Un noble guerrier, à l'œil mâle et sûr, se redresse ; et sur ses pas vole une jeunesse sans expérience dans les combats, mais résolue de vaincre ou de mourir.

En un clin d'œil, une légion de héros se forma, et elle attendait le moment où elle pourrait se mesurer avec le flibustier de la Péninsule, quand, changeant de langage, le Piémont eut le noble courage de sommer le souverain pontife de licencier une armée étrangère, une armée de mercenaires, et en même temps il déclara au chef des volontaires que la guerre leur serait déclarée dès l'instant qu'ils s'opposeraient par les armes à la libre manifestation des volontés nationales; et un jour on apprit que Cialdini était entré dans les États de l'Église, et dès lors un ennemi imprévu fut à combattre du côté du Nord.

L'armée ennemie était forte de 70,000 hommes, et la légion volontaire ne se composait que de 12,000, distribués en partie dans les garnisons, en partie du côté de Garibaldi. Néanmoins le courage anime ces soldats de la veille ; 25,000 soldats français leur sont promis, dit-on, et comptant sur cette promesse, ils restent debout et attendent, l'arme au bras; mais hélas ! un matin ils se trouvent en face d'un ennemi dix fois plus nombreux.

Que voulez-vous qu'ils fassent ?

Ils meurent, mais après avoir fait payer cher à leurs assassins le sang généreux qui coulait dans leurs veines; et le gouvernement français, improuvant la conduite du Piémont, menace de rappeler son ambassadeur. Et il envoie 25,000 hommes à Rome, pour sauvegarder le territoire de saint Pierre. Mais quelles lenteurs ! quelles hésitations ! quelle obscurité dans sa politique ! quelle impassibilité surtout à la vue du monarque honteusement expulsé de sa capitale et investi dans Gaëte !

Quelle patience, pour ne rien dire de plus, à la vue du roi Victor-Emmanuel se joignant aux bandits, nommant des dictateurs, se rendant lui-même à Naples, et pressant les populations de l'acclamer roi de l'Italie !

VIII

Après le traité de Villafranca, le gouvernement français, qui avait sondé l'abîme, avait résolu la non-intervention. Retranché derrière ce principe nouveau, il regardait d'un œil calme et se croisait les bras. Quelques vaisseaux pourtant furent envoyés devant Gaëte, et quelques esprits crurent à un changement de politique, à une protection réelle. Erreur ! Le gouvernement français pourtant avait eu pitié d'un roi si malheureux. Voilà pourquoi il l'a protégé du côté de la mer pour lui donner le moyen de sauver son honneur; il a voulu, au besoin, protéger sa personne ; il a voulu surtout se poser là, dans la crainte assurément qu'une autre puissance ne vînt y jeter l'ancre et compliquer les affaires.

Mais voyant que le siége traînait en longueur, que François II avait assez fait pour mourir sans honte, assurés qu'une autre flotte ne viendrait pas leur succéder, nos vaisseaux se sont retirés. Aussitôt l'amiral Persano a pris place, et en ce moment il fait feu ; le canon gronde et sur terre et sur mer, et l'Europe regarde !

IX

Quel sera le dénoûment de ce drame inouï ? Je n'ose lire dans un prochain avenir.

Assurément le roi de Naples va succomber, et alors seul au milieu des ruines s'offrira le trône pontifical. Autour de ce trône sont rangés en bataille 25,000 Français. La veille du combat aiguiseront-ils leurs armes ou rentreront-ils en France?

Je me tais. La France tout entière, par la voix désormais plus puissante de ses députés, tâchera de résoudre la difficulté. Jamais complication si grande n'a paru sous la voûte du ciel ! On peut en juger par le simple exposé des faits que je viens de mettre sous les yeux.

Par là nous voyons clairement quel a été le but du Piémont :

Former un seul royaume en Italie, et pour cela faire, expulser les Autrichiens de la Péninsule, détrôner le roi de Naples et le souverain pontife, voilà le rêve du comte de Cavour et de son zélé disciple le roi Victor-Emmanuel.

Beau rêve certes ! Mais ne serait-il pas chimérique ?

Les Italiens se meurent dans leur *far-niente*, ils sont loin d'être à la hauteur du siècle par leurs formes gouvernementales et leurs administrations intérieures. Chez eux, tout languit. On trouve en Italie des populations, mais non un peuple. Là cependant régna jadis le peuple romain, vainqueur du monde.

L'Italie fut la nation la plus brillante, et sa gloire brille encore sur les Italiens. Il est triste de n'être rien après avoir eu des ancêtres qui étaient tout. Voilà ce qui depuis longtemps a frappé bien des esprits et bien des cœurs.

Ils ont juré de reconstituer du nord au sud un peuple puissant et vigoureux; et pour atteindre ce but, ils ont conspiré contre les gouvernements existant dans la Péninsule et même au dehors, espérant profiter d'une commotion générale.

X

J'ai compris le désir d'une semblable nationalité; mais que d'obstacles!

Au nord règne l'Autriche, au centre le pape, et au midi François II.

Comment parvenir à fondre ensemble ces trois puissances?

L'Autriche consentira-elle à renoncer à ses possessions pour se retirer au delà des Alpes, et laisser un grand peuple se constituer à ses côtés?

Consentira-t-elle à renoncer à une influence qu'exercera sans doute après elle la France, cette nation formidable. Ce n'est pas vraisemblable.

Après tout, qui peut exiger d'elle ce grand acte de générosité, disent les partisans de la légitimité?

Pour nous, nous n'avons jamais admis qu'une puissance eût des droits de propriété sur les diverses provinces de l'État. Dès lors que les intérêts universels demandent, exigent même une nouvelle organisation, même un démembrement, après les remontrances équitables, nous reconnaissons à la province le droit de séparation.

Admettrait-on que l'empereur d'Autriche a un droit réel sur la Vénétie, on peut bien l'exproprier pour cause d'utilité publique, universelle.

Il y a quelques jours, dans une brochure dont l'auteur est resté inconnu, ne parlait-on pas des avantages, des nécessités, sinon d'une semblable expropriation, du moins de la cession de la Vénétie, dont on fixait même le prix à six cent millions.

De ce côté, pour nous, point de difficulté, pourvu toutefois que, dans l'intérêt de leur propre tranquillité, les autres États soutiennent l'Italie dans ses prétentions légitimes.

XI

Mais que dirons-nous du trône pontifical ?

Ici, la question se complique; aux intérêts matériels s'unissent les intérêts religieux.

Pour constituer l'indépendance et l'unité d'un seul peuple, on court le risque d'asservir la religion catholique.

Par sa position, Rome serait la capitale du nouveau peuple. Quel serait alors le centre de la catholicité? A côté du trône du roi Victor-Emmanuel verrait-on se dresser le trône du pape Pie IX? Certes, il y aurait à craindre bien des vexations. La religion, il est vrai, est une institution divine qui s'élève au-dessus des choses de la terre, mais néanmoins elle est destinée à agir sur les hommes; elle a donc besoin de moyens humains.

Enlevez tous ces moyens immédiats au chef de la religion, vous le placez sous la dépendance du roi galant homme et de ses ministres. Qu'adviendra-t-il si ce puissant de la terre, ne brûlant pas des ardeurs séraphiques, se trouve conseillé par des Cavour et soutenu par des Garibaldi? La réponse est facile : l'Église a perdu ses moyens d'action sur les peuples, elle est asservie. L'intérêt moral des masses et des individus est compromis.

C'est ainsi que les unitaires italiens, en voulant le renversement du trône pontifical, veulent une chose dangereuse d'abord pour l'Italie, puis pour les peuples en général, et surtout pour les catholiques. Aussi une réaction puissante s'est produite de toutes parts.

Que les unitaires trouvent le moyen de conserver au

pape son indépendance complète et absolue ; qu'ils nous donnent surtout des garanties sûres et efficaces, et volontiers les catholiques accéderont à leurs désirs ; volontiers le souverain pontife déposera la couronne pour ne plus conserver que la tiare.

Mais quelles garanties peuvent-ils, veulent-ils offrir ? Encore si les nations s'engageaient à faire respecter l'indépendance du pape, établie d'avance dans la constitution du nouveau peuple, je comprendrais l'établissement du nouveau royaume, mais comment compter en pareille matière sur le concours de nations protestantes et schismatiques ?

Les quelques connaissances que nous avons des hommes et des gouvernements ne nous permettent pas de nous reposer sur une semblable protection.

Concluons que le pouvoir temporel est nécessaire au pape, et partant qu'il est un obstacle moralement insurmontable à l'unification de l'Italie ; à moins que le galant homme, ainsi que son dévoué ministre, épris l'un et l'autre d'un généreux sentiment, ne renoncent l'un à la couronne, l'autre au portefeuille de l'Italie, pour proclamer à leur place Sa Sainteté Pie IX, qui voudrait bien alors se choisir un autre personnage que Son Éminence le cardinal Antonelli, cet ami du *far-niente*, du *statu quo*. Et l'on verrait ainsi s'établir un gouvernement catholique, qui pourrait servir de modèle aux autres. Oui, assurément, le catholicisme est bien de nature à produire une constitution libérale. Parfois, pour le bonheur de l'humanité, je rêve d'un peuple universel qui aurait pour roi un souverain pontife, avec une constitution animée de l'esprit catholique.

Mais, hélas ! que nous sommes éloignés d'un pareil état de choses ! La révolution italienne est trop étrangère aux sentiments religieux pour venir courber le front devant l'humilité même.

A ce point de vue encore, l'unité italienne est impossible.

XII

Quant au trône de François II, avec nos principes, nous admettons l'expropriation; mais qu'importe que l'unité soit possible en elle-même du côté du nord et du sud, si le centre est un obstacle invincible.

Voilà franchement mon opinion sur la possibilité du royaume italien.

XIII

Que penser maintenant des moyens que le Piémont emploie pour y parvenir ?

Un homme d'honneur ne se sentirait-il pas transporté d'indignation en pensant à ses infâmes machinations. Ni le mensonge, ni la perfidie, ni le mépris des lois les plus sacrées, rien n'a pu l'arrêter. Vrais disciples de Machiavel, les hommes d'État piémontais ont donné au monde un spectacle inconnu jusqu'ici. Ils ont compromis la tranquillité de l'Europe, et Dieu seul sait quelle sera l'issue d'une si triste complication.

On peut assurer, néanmoins, que les chefs du mouvement révolutionnaire se bercent d'illusions.

Quand le moment sera venu, Dieu dissoudra pour eux un peu de poison dans l'air, et tout rentrera dans l'ordre.

Tous leurs projets seront déjoués, se ligueraient-ils à tous les souverains du monde.

> Que peuvent contre lui tous les rois de la terre.
> En vain ils s'uniraient pour lui faire la guerre;
> Pour dissiper leur ligue, il n'a qu'à se montrer.
> Il parle, et dans la poudre il les fait tous rentrer.

Oui, Dieu saura déjouer leurs criminels desseins, et la postérité verra sur leur front le stigmate de la honte et de l'ignominie.

XIV

Ce qui m'attriste surtout, c'est de penser que le gouvernement français se trouve engagé directement dans ce labyrinthe inextricable.

Mais je suis loin de le maudire; poussé par un sentiment trop généreux à voler au secours de l'indépendance italienne, S. M. Napoléon III a vu l'orage sur le point d'éclater, et il s'est arrêté là. Dans la crainte de déchaîner les autres puissances contre nous, il a persisté à garder la non-intervention, il a néanmoins improuvé souvent la conduite du Piémont. Instruit assurément des desseins de Victor-Emmanuel, notre Empereur a voulu sans doute, lui aussi, unir l'Italie, mais il a voulu l'unir par *des liens fédératifs*, la seule issue possible à mes yeux. C'est ce que semblent nous démontrer clairement ses protestations au souverain pontife, et ses conseils aux gouvernements de Rome et de Naples.

Ses efforts ont été inutiles ; semblable à un torrent impétueux, la révolution a tout renversé et tout détruit. Que pouvait Sa Majesté ? D'ailleurs, peut-on connaître sa pensée intime. Assez souvent il a donné des preuves indubitables d'une habileté sans exemple. Attendons et bientôt peut-être il rendra la paix à l'univers. Dans la difficile position où il doit se trouver, soutenons-le de nos efforts et de nos luttes ; prouvons-lui que nous sommes Français.

www.ingramcontent.com/pod-product-compliance
Ingram Content Group UK Ltd.
Pitfield, Milton Keynes, MK11 3LW, UK
UKHW020459230726
13925UKWH00005B/2030